François Fillon,

persuadé qu'il aurait battu François Hollande en 2012, le battra en 2017

Du même auteur*

Certaines œuvres sont connues sous différents titres.

Romans

La Faute à Souchon : (Le roman du show-biz et de la sagesse)
Quand les familles sans toit sont entrées dans les maisons fermées
Liberté j'ignorais tant de Toi (Libertés d'avant l'an 2000)
Viré, viré, viré, même viré du Rmi !
Ils ne sont pas intervenus (Peut-être un roman autobiographique)

Théâtre

Neuf femmes et la star
Les secrets de maître Pierre, notaire de campagne
Ça magouille aux assurances
Chanteur, écrivain : même cirque
Deux sœurs et un contrôle fiscal
Amour, sud et chansons
Pourquoi est-il venu :
Aventures d'écrivains régionaux
Avant les élections présidentielles
Scènes de campagne, scènes du Quercy
Blaise Pascal serait webmaster
Trois femmes et un Amour
J'avais 25 ans
« Révélations » sur « les apparitions d'Astaffort » Brel Cabrel

Théâtre pour troupes d'enfants

La fille aux 200 doudous
Les filles en profitent
Révélations sur la disparition du père Noël
Le lion l'autruche et le renard,
Mertilou prépare l'été
Nous n'irons plus au restaurant

* extrait du catalogue, voir page 42

Stéphane Ternoise

François Fillon,
persuadé qu'il aurait battu François Hollande en 2012, le battra en 2017

Jean-Luc PETIT Editeur - collection Essais

Stéphane Ternoise
versant
essayiste:

http://www.**essayiste**.fr

Tout simplement et
logiquement !

Site officiel : http://www.ecrivain.pro

François Fillon, persuadé qu'il aurait battu François Hollande en 2012, le battra en 2017 (?)

Présentation sur les plateformes de ventes :

Tout est dit dans le titre ? Pourtant, l'idée n'ose pas se proclamer, ni chez l'ancien Premier ministre ni chez ses partisans, ni même chez les journalistes.
Naturellement c'est off ?! Il convient de ménager Nicolas Sarkozy, ne surtout pas réveiller son pouvoir de nuisance, ni commettre un faux pas, une arrogance, qui pourrait justifier son retour...

La suite des analyses politiques de Stéphane Ternoise, dont le *Ce François Hollande qui peut encore gagner le 6 mai 2012 ne le mérite pas* n'eut pas l'audience méritée (faute de relais médiatique) mais se confirme de jour en jour... Un écrivain indépendant, un chroniqueur indépendant, un observateur politique non subventionné, sans lien avec les partis ni les médias traditionnels.
Une parole vraie. La droite aurait tort de chercher un joker, espérer un come-back gagnant du battu, quand elle possède la carte Fillon ? Et la France ? Analyse...

Dans la tête de François Fillon...

Aucune indiscrétion de François Fillon, ni directe ni indirecte.

D'ailleurs, je ne lui ai jamais parlé. Juste vu une fois, l'occasion... de prendre des photos en pensant qu'elles serviraient un jour !

C'était à Montauban.

Romancier, essayiste, dramaturge, j'observe la politique sûrement autrement que mes contemporains. Je n'ai jamais été militant.

J'observe, simplement, conscient de subir les conséquences de mauvaises politiques, par ou / et pour les installés.

Dans mon domaine, l'édition, de nombreux essais furent publiés, sur le pouvoir des lobbies, auxquels les élus de droite comme de gauche accordent lois et subventions.

Oui, dans la tête de François Fillon, je suis persuadé de dégoter qu'il aurait battu François Hollande en 2012, qu'il le battra en 2017...

Février 2014...

Publié en octobre 2012 uniquement en numérique, ce document fut rapidement étrillé sur le principal site de vente d'ebooks en France... par un membre *"COMMENTATEUR DU HALL D'HONNEUR"* ne l'ayant visiblement pas acheté ! Cet imminent citoyen considérait François Fillon sans avenir politique et se pensait sûrement habilité à déclarer. *« un livre qui même pas encore publié s'avére déja être obsolète, pour le plus grand bonheur de nombre de nos compatriotes. »*

Et une étoile sur cinq dans les dents... la plupart des acheteurs ne s'arrêtent pas aux livres ainsi notés... Il se vend peu...

Cette histoire peut vous faire sourire... En février 2014, ayant l'opportunité de proposer ce livre également en papier... j'observe la présence du Premier ministre de Nicolas Sarkozy dans la course pour 2017...

Comme vous le savez, un observateur, qui plus est vraiment indépendant, ne doit pas avoir raison avant les installés...

1.0 étoiles sur 5 LOL 22 novembre 2012
Par crew.koos COMMENTATEUR DU HALL D'HONNEUR TOP 50 COMMENTATEURS VOIX VINE

« *A l'heure à laquelle j'écris ces lignes, François Fillon semble avoir les plus grandes difficultés du monde à battre JF Copé, de là à battre François Hollande (aussi détesté puisse-t-il être au moment des prochaines élections), voilà bien un livre qui même pas encore publié s'avére déja être obsolète, pour le plus grand bonheur de nombre de nos compatriotes.* »

2012... où les primaires impossibles

Comment exiger des primaires, quand l'on est Le Premier ministre, loyal et honnête, que le président se représente, même si l'on est persuadé qu'il sera battu, non parce que les électeurs penseront l'adversaire meilleur mais à cause d'une très mauvaise image ?
Impossible. Alors, François Fillon fut discret, honnête.
Il sait très bien que d'ici quelques années, le bilan de Nicolas Sarkozy sera revu à la hausse... Sûrement même avant 2017. Donc il ne doit pas s'en faire un ennemi... mais compter sur sa loyauté, son effacement face au candidat le mieux placé pour gagner.

Et il ne lui sert à rien de maugréer qu'à lui, le candidat centriste aurait apporté ses voix, que lui n'a suscité aucune hostilité personnelle parmi l'électorat non militant et qu'il aurait ainsi facilement battu François Hollande...

Plutôt retenir le bon côté des choses : Nicolas Sarkozy lui fut utile, indispensable, dans sa carrière, en lui offrant la possibilité d'acquérir une stature de présidentiable, une expérience internationale. Et après l'échec de l'expérience "corrézienne", il sait bien que le balancier se posera sur le besoin d'une compétence avérée.

2017... François Fillon candidat logique face à un PS de nouveau décomposé ?

Pour François Fillon, deux hommes restent dangereux : Alain Juppé et Nicolas Sarkozy. Il conviendra de persuader le premier qu'il est trop vieux et le second qu'il doit se préparer à présider l'Europe grâce au soutien de François Fillon président...
Oui Nicolas, une seconde défaite et tout avenir politique t'est fermé...

Rapidement, les sondages vont apporter de l'eau au moulin Fillonien : il sera de plus en plus considéré comme l'homme le plus capable de faire gagner la droite aux prochaines élections présidentielles.

Nicolas Sarkozy, sans avoir annoncé son retrait de la vie politique, se retrouvera en 2016 dans la situation de Lionel Jospin dix ans plus tôt, face à une Ségolène Royal hyper favorite selon les sondages, quand son possible come-back apparut comme une inévitable et dangereuse donc impossible division de son camp.

Un itinéraire tracé d'avance ?...

Comme dans un rêve...

Porté par l'expérience d'homme d'Etat et l'absence de défiance des français (la confiance c'est autre chose)...

D'abord le congrès de l'UMP consacre François Fillon contre Jean-François Copé...
Non parce que les militants de l'UMP le considèrent comme le meilleur pour tenir la boutique... mais car ils le pensent apte à gagner l'Elysée en 2017. Quand son adversaire y ferait de la figuration.

Le président de l'UMP mène la campagne des municipales en 2014, où le nom cumul des mandats gêne le PS au point de lui faire perdre quelques villes symboliques, ce qui est finalement considéré comme une victoire pour François Fillon... qui a su ne pas prendre le risque de se présenter à Paris, naturellement au nom de ce non cumul des mandats, préférant conserver son siège à l'Assemblée, préparer l'alternance présidentielle.

Prendra-t-il le risque d'une candidature à Paris, donc d'une possible défaite qui justifierait alors l'appel à Nicolas Sarkozy "des amis" ? Une victoire le placerait naturellement dans une perspective chiraquienne... mais comment ne pas redouter un vote sanction des parisiens face à un candidat qui se servirait de leur ville comme tremplin ? Je pense donc qu'il n'ira pas... mais...

2017, François Hollande, malgré des primaires très serrées contre Martine Aubry (qui s'est mise dès 2012 en retrait, pour essayer de ne pas être considérée co-responsable du quinquennat...), désigné candidat du PS subit les foudres d'un Jean-Luc Mélenchon (re)devenu son plus féroce adversaire, au point de capter une grande partie de l'électorat socialiste de 2012, Olivier Besancenot reprenant l'extrême-gauche !
Jean-Louis Borloo et François Bayrou stagnent entre 5% et 10%.
Le PS en appelle naturellement au vote utile...

Logiquement, le second tour oppose François Fillon à Marine Le Pen.
Le cumul des voix Jean-Luc Mélenchon - Olivier Besancenot - Nathalie Arthaud dépasse même celui de François Hollande.

Comme dans un rêve... et si la première marche s'avérait la plus difficile ? Car ils sont nombreux à l'Ump à redouter ce scénario synonyme de mise en veilleuse de leurs ambitions (celles et ceux qui "n'obtiendraient rien").

Un Premier ministre, c'est fait pour protéger le président, pour en prendre plein la gueule et partir usé.
Michel Rocard, Alain Juppé, Édith Cresson, Pierre Bérégovoy...

Qu'un Premier ministre sortant ait encore la force de repartir en leader de l'opposition... c'est du jamais vu.

Il existe certes "un club" des Premiers ministres restés 5 ans à Matignon : Georges Pompidou, Raymond Barre, Lionel Jospin, François Fillon.

Georges Pompidou devint président, dans des conditions certes très différentes...

François Fillon, le vrai successeur de Georges Pompidou ?!

François Fillon, un statut particulier par rapport à Nicolas Sarkozy

François Fillon n'a pas besoin de critiquer Nicolas Sarkozy pour se différencier, marquer une rupture d'avec le sarkozysme, dans l'opinion publique.
Il n'a pas non plus besoin de parler comme Nicolas Sarkozy ou s'en réclamer, pour obtenir les voix sarkozystes.

En menant sa barque durant 5 ans, en restant populaire malgré les remous de son Président, il capitalise cette force tranquille d'au dessus de la mêlée UMP. Il n'a plus besoin d'en "faire trop" pour exister.

François Fillon peut ainsi répondre sans trembler au sujet de l'ouvrage de Roselyne Bachelot (bilan mitigé du quinquennat de Nicolas Sarkozy) : « *J'ai dit publiquement que toute critique contre Nicolas Sarkozy était une critique contre moi puisque j'ai été pendant cinq ans son Premier ministre.* »

Il sait qu'il ne sera pas atteint par les critiques liées au comportement de Nicolas Sarkozy...

Au contraire, Jean-François Copé, qui cherche son positionnement, passé de grand critique de Nicolas Sarkozy à épigone du Sarkozy triomphant, a démontré une certaine instabilité.

Jean-François Copé a su capter les UMP problématiques

Le soutien de Nadine Morano, c'est sûrement ce qui pouvait arriver de pire, en 2012, pour un candidat ! Jean-François Copé se promène avec dans son ombre ce symbole du sarkozysme face disons énervée !

Jean-François Copé a naturellement reçu le soutien de l'anti-Fillon Rachida Dati, toujours engluée dans la chute de l'icône de la diversité d'un Nicolas Sarkozy populaire.

Face à Jean-François Copé, François Fillon sait se positionner dans une logique de l'intérêt général...

Jean-François Copé possède les clés de l'UMP et les sondages le placent devant dans les intentions de vote des militants UMP (alors que François Fillon est plus populaire chez les sympathisants)... Et seuls les militants de l'UMP éliront leur président le 25 novembre 2012.

Alors, peut-il briser le beau rêve de François Fillon ?

Les militants sont, par définition, des gens pragmatiques, qu'ils soient de l'UMP ou du

PS : ils pensent d'abord à qui peut gagner la prochaine présidentielle...
Et Jean-François Copé ne semble avoir aucune chance !

Mais cinq ans, c'est tellement long dans l'opinion publique sans mémoire que chaque chapelle peut imaginer son scénario... Tenir l'Ump en 2013 n'augure pas forcément de la situation en 2016...

Mais cinq ans, c'est tellement long dans l'opinion publique sans mémoire que chaque chapelle peut imaginer son scénario... Tenir l'Ump en 2013 n'augure pas forcément de la situation en 2016... Pour de nombreux « dauphins potentiels », une victoire de Copé peut leur sembler laisser une porte ouverte... à Juppé par exemple...

François Fillon et l'humour ?

Faut-il désormais être drôle, et percutant en 140 caractères twitter, pour devenir Président ? Après un François Hollande annoncé hilarant, la guerre des petites phrases n'aura pas forcément lieu.

En 2008, François F. figura pourtant au "Prix Press club humour et politique" pour « *quand j'ai appris que Xavier Bertrand appartenait à la Franc-Maçonnerie, je ne me suis pas étonné de le découvrir Maçon ; mais franc, ça m'en bouche un coin* » mais son cabinet fit savoir que la phrase publiée par l'Express était apocryphe.

Néanmoins, c'est avec humour qu'il a renvoyé Jean-François Copé à sa transformation sarkozyste :
« *La vérité, c'est que le sarkozysme, c'est un peu comme l'amour, il y en a qui en parlent beaucoup parce qu'ils ont des raisons d'en parler... Leur amour est assez récent et il y en a d'autres qui ont pu le montrer tout au long de ces années.* »

Fillon et le débat sur les valeurs évité...

Avec François Fillon, l'UMP retrouvera un leader... et chacun saura qu'il faut éviter ce que certains appellent le débat sur les valeurs...

Pour se rassurer, on peut se rappeler qu'au lendemain du premier tour des élections cantonales de mars 2011, il souhaita un « Front républicain » contre le FN, « *en cas de duels PS-FN, il faut voter contre le FN* », se démarquant de certains, comme Jean-François Copé ou Xavier Bertrand, moins prompts à l'annoncer sans ambiguïté.

François Fillon, avec ses airs de gendre idéal, saura tenir d'une main de fer le gouvernail de la reconquête.
Et si les idées sont une chose, le pouvoir reste l'essentiel ! Nous n'avons qu'une valeur commune, la victoire ! (mais non, il n'est pas l'auteur de cette phrase, il s'agit du regard d'un romancier !)

François Fillon sait qu'il est considéré comme compétent, réformateur, honnête, respectueux : il n'a pas besoin d'en rajouter...
Mais cinq ans, c'est long, diront sûrement ses caricatures.

François Fillon a peu publié mais "*La France peut supporter la vérité*", son livre de 2006, lui permettra, en souriant même, d'affirmer n'avoir jamais masqué ses analyses sous le populisme et la démagogie (comme certains ?)

Dans un pays sans "grande personnalité", sa confiance en lui est un atout... Il a même devant lui l'exemple de la confiance nécessaire et suffisante en son destin exceptionnel pour qu'il se réaliste, même s'il est persuadé que "son prédécesseur" restera un accident de l'Histoire.

L'élection de François Fillon serait-elle une bonne chose pour la France ?

La gauche ayant accepté de laisser François Hollande s'engouffrer dans la brèche de la chute de DSK, qu'il avait été le seul à prévoir, doit maintenant gérer la réalité... En 2017 l'anti-sarkozysme sera passé d'époque !

Certes, Martine Aubry, qui essaye cette fois d'avoir un coup d'avance, quitta rapidement le navire pour suivre, dans la mesure du possible, la voie de son père. Mais ne pouvant parvenir jusqu'à Bruxelles, elle s'est arrêtée à Lille. Jacques Delors, par sa position à Bruxelles, était certes en capacité de gagner en 1995 malgré la déconsidération totale du PS après deux mandats de François Mitterrand.

De sa maire de Lille, la fille pense écrire le même scénario ?

Mais comment dire à Martine, sans la fâcher : à Bruxelles, son père avait un poste d'une réelle importance européenne...

Donc, la gauche qui a suivi François Hollande, qui a refusé de se réformer en 2002, a préféré rafistoler sa présentation, sa stratégie plutôt que de réfléchir à ses dérives, cette gauche présentera une face bien amochée.

L'autre gauche (Jean-Luc Mélenchon) n'hésitant pas à crier aux espoirs (logiquement) déçus.

A droite ? François Bayrou obtiendra sûrement ses 500 signatures mais plutôt que d'ouvrir "son" Modem il l'a laissé redevenir un clone de feu-UDF, un parti de petits notables, certains même issus de "la gauche".
Jean-Louis Borloo ? La candidature de Rama Yade ne serait-elle pas préférable à la sienne ?

Alors oui, François Fillon rassurera, finalement, dans un paysage politique où Marine Le Pen profitera naturellement de quelques mesures socialistes et de l'actualité...

Qui est François Fillon ?

François Fillon est né le 4 mars 1954 au Mans. Il aura donc 63 ans en mai 2017 alors qu'Alain Juppé approchera les 72 (né en août 1945). Pour l'UMP, même pour la droite républicaine en 2012, il ne fait aucun doute que François Fillon soit leur meilleure chance. François Fillon fait désormais parti du paysage français, il s'est imposé discrètement. Il faut dire que la politique, c'est sa vie. Seule profession connue : assistant parlementaire.

Face à un François Hollande qui laissera difficilement sa place à gauche en 2017, il pourra présenter une solidité de l'homme formé à la discipline étatique par de nombreux postes ministériels et 5 ans à Matignon, quand l'échec de son adversaire sera analysé comme une suite logique de son absence d'expériences gouvernementales et internationales.

François Fillon est un fils de notaire, et d'une historienne, Anne Soulet. Aîné de leurs quatre garçons (le plus jeune, Arnaud, est mort à dix-huit ans, dans un accident de voiture, le 17 avril 1981), il a grandi dans une petite ville de la Sarthe, Cérans-Foulletourte, désormais plus de 3000 habitants, moins de deux mille en 1962. Passage par le collège privé de Saint

Michel des Perrais, à Parigné-le-Pôlin (il en fut exclu "provisoirement" pour avoir jeté une ampoule lacrymogène en plein cours) puis lycée Notre-Dame de Sainte-Croix, au Mans (de nouveau exclu quelques jours, pour indiscipline... leader d'un rassemblement d'élèves demandant la démission de leur professeur d'anglais, jugée incompétente), baccalauréat de philosophie en 1972.

Tenté par le journalisme, le fils du notaire est retenu pour les stages d'été à l'AFP, la première année en Espagne, la suivante en Belgique mais il poursuit des études supérieures à l'Université du Maine, au Mans, où il obtiendra une maîtrise de droit public en 1976. Direction l'Université Paris Descartes pour le DEA en poche l'année suivante.

Et c'est la vie professionnelle : assistant parlementaire de Joël Le Theule, député de la Sarthe. Et adhésion au RPR créé par Jacques Chirac.

Motivation : admirateur du général de Gaulle, symbole d'une France forte et indépendante.

Naturellement un homme hautement médaillé. Naturellement *Grand-Officier de la Légion d'honneur*, car « *la dignité de grand officier appartient de plein droit aux anciens Premiers ministres qui ont exercé leurs fonctions durant deux années au moins* ».

Mais également *Grand-Croix de l'Ordre national du Mérite* toujours pour le même poste. Egalement *commandeur des Palmes Académiques,* distinction honorant les membres éminents de l'Université.

François Fillon...
L'expérience gouvernementale...

30 mars 1993 - 11 mai 1995 : ministre de l'Enseignement supérieur et de la Recherche du gouvernement Édouard Balladur. Sous la présidence de François Mitterrand, période de cohabitation. Cette nomination doit beaucoup à Philippe Séguin. Il vient tout juste de fêter ses 39 ans.

On en retient qu'il souhaita l'autonomie des universités et une séparation de la formation des professeurs des écoles de celle des professeurs du secondaire. Mais sa loi sur les universités fut censurée par le Conseil constitutionnel et sa réforme de la filière technologique fut retirée. Une première expérience sans vrai bilan.

18 mai 1995 - 7 novembre 1995 : ministre des Technologies de l'information et de la Poste, du gouvernement Alain Juppé. Sous la présidence de Jacques Chirac.

Pourtant FF s'était cette fois séparé de Séguin

soutenant Jacques Chirac, en rejoignant le camp d'Édouard Balladur lors de l'élection présidentielle. Il fut avec Michel Barnier et François Bayrou un "balladurien" mais ses relations avec le boss furent "difficiles".

7 novembre 1995 au 2 juin 1997 : ministre délégué chargé de la Poste, des Télécommunications et de l'Espace du gouvernement Alain Juppé 2. Si la charge reste similaire, il s'agit d'une relégation au rang de ministre délégué. Il faut bien que jeunesse se forme !

Au menu : la modernisation de France Télécom, la fin de son monopole, sa transformation en entreprise publique. Conspué par la gauche, il fit voter par l'Assemblée cette fin du monopole et l'ouverture de son capital... qui sera réalisée par le gouvernement de Lionel Jospin après la dissolution ratée de Jacques Chirac en juin 1997...

7 mai 2002 - 30 mars 2004 : ministre des Affaires sociales, du Travail et de la Solidarité, dans le premier puis deuxième gouvernement Jean-Pierre Raffarin (numéro 3 du gouvernement, Nicolas Sarkozy étant numéro 2).
Il y mena des réformes dites structurelles sur

la durée du travail (assouplissement des 35 heures) et sur les retraites.
La réforme des retraites, malgré la grogne d'une grande partie de l'opinion publique et des manifestations, fut réalisée et reste la principale de ce gouvernement.
La loi Fillon repoussa l'âge légal du départ à la retraite, augmenta les cotisations et favorisa l'épargne individuelle. Pour bénéficier d'une retraite à taux plein, 40 années d'activités pour tout le monde en 2008, 41 ans en 2012 et 42 ans en 2020.

31 mars 2004 - 31 mai 2005 : ministre de l'Éducation nationale, de l'Enseignement supérieur et de la Recherche du gouvernement Jean-Pierre Raffarin 3.
Il fit voter par le Parlement, la loi dite Fillon pour l'éducation.
C'était un grand projet "pour l'école" prévoyant l'enseignement d'une langue vivante dès le CE2, un nouveau baccalauréat combinant contrôle continu et réduction de 12 à 6 du nombre d'épreuves finales, brevet obligatoire en troisième et réhabilitation du redoublement. Mais l'idée de refonte du bac déclencha des manifestations, lycéens et professeurs. Le 10 février 2005, plus de 100 000 lycéens défilèrent et le soir même, Fillon annonça une suspension... et il ne resta plus grand chose dans sa loi.

Puis Jacques Chirac, après le NON au traité constitutionnel européen, fit confiance à Dominique de Villepin, Premier ministre du 31 mai 2005 au 15 mai 2007.

Dans *Le Monde* du 4 juin 2005, François Fillon, sans ministère :

« *Je suis le seul à avoir mené neuf réformes législatives. Quand on fera le bilan de Chirac, on ne se souviendra de rien. Sauf de mes réformes. Je vais m'investir à fond dans l'UMP, préparer les échéances futures pour Nicolas Sarkozy en 2007. En me virant du gouvernement, ils ont fait de moi un directeur de campagne avant l'heure.* »

Le "gentil" peut s'énerver. Il saura naturellement rapidement relativiser : « *un accès de colère et de vanité.* »

Du 22 février 2012 au 10 mai 2012, Premier Ministre, il redevint également ministre : Ministre de l'Écologie, du Développement durable, des Transports et du Logement, la titulaire portant la parole sarkozystes sur les routes. Un intérim original. Qui lui vaudra quelques points supplémentaires pour la retraite ?

François Fillon, le Premier ministre de Nicolas Sarkozy

17 mai 2007 - 10 mai 2012 : Premier ministre, nommé par le président de la République Nicolas Sarkozy et resté en poste durant l'ensemble du quinquennat. Seul Georges Pompidou est resté plus longtemps à Matignon. Inutile d'épiloguer, ces cinq années subsistent dans notre mémoire.

Une entrée politique déjà "en toute logique"

Son premier poste professionnel fut une rampe de lancement : assistant parlementaire de Joël Le Theule, son "mentor" va lui "laisser" ses mandats : François Fillon débute ainsi par une facile victoire aux élections cantonales de Sablé-sur-Sarthe en février 1981, avec 76 % des voix... Joël Le Theule est décédé le 14 décembre 1980 d'un malaise cardiaque, son plus proche collaborateur, François Fillon donc, l'ayant en vain conduit aux urgences de Sablé.

Le nom de Joël Le Theule est quasiment oublié mais en 1976, quand François Fillon entre à son service, il s'agit d'un ancien Ministre : ministre des Départements et Territoires d'Outre-Mer dans le dernier gouvernement Pompidou, du 31 mai au 10 juillet 1968, secrétaire d'État chargé de l'Information, dans le gouvernement suivant, celui de Maurice Couve de Murville, du 10 juillet 1968 au 20 juin 1969.

Joël Le Theule redevint ministre sous Valéry Giscard d'Estaing et François Fillon fut alors le chef-adjoint de son cabinet : ministre des Transports, dans le troisième gouvernement de Raymond Barre du 31 mars 1978 ; au 2 octobre 1980, lors d'un mini remaniement il passe Ministre de la Défense suite à la démission d'Yvon Bourges. Il y restera jusqu'à sa mort, le 14 décembre 1980. C'est donc auréolé du titre officieux de successeur "désigné" d'un ministre de la Défense, que François Fillon s'imposa facilement. (Certes, le décès d'un ministre était fréquent à l'époque, il y en eut quand même trois dans ce troisième gouvernement Raymond Barre qui dura trois ans, Joël Le Theule après Robert Boulin, "suicidé" le 30 octobre 1979 avant Norbert Ségard le 1er février 1981, d'un cancer du poumon.)

En juin 1981, malgré la vague rose, il est élu député de la 4e circonscription de la Sarthe, dès le premier tour même, avec 50,14 %. Il succède au même homme et devient à 27 ans le benjamin de l'Assemblée nationale.

Une carrière politique peut tenir à peu de chose... Combien d'assistants parlementaires ont dû se morfondre durant des décennies à subir les caprices "du vieux" ?...

Il apprend la politique avec Philippe Séguin, leur « Cercle », une association de jeunes députés libéraux, adepte du « gaullisme social » compte également Charles Millon, Michel Noir et François d'Aubert.
Il se spécialise dans les questions de défense nationale à l'Assemblée nationale.
Naturellement, lors des élections municipales de 1983, François Fillon, prenant ainsi toujours la relève du même homme, est élu maire de Sablé-sur-Sarthe dès le premier tour, avec 68,05 % des voix...
Et il ne sera jamais battu depuis dans ces élections...
En 1988, il est l'un des "rénovateurs de la droite", avec toujours Philippe Séguin, Michel Noir, Charles Millon mais également Philippe de Villiers, Bernard Bosson, Michel Barnier, Alain Carignon, François Bayrou, Étienne Pinte et Dominique Baudis.

En 1992, à 38 ans, la présidence du conseil général de la Sarthe lui tend les bras. Et durant l'été 1992, ce qui pourrait être considéré comme une faute mais ne le sera plus dans l'euro scepticisme ambiant, il mène campagne contre la ratification du traité de Maastricht, toujours aux côtés de Philippe Séguin...

Séguin, Chirac, Sarkozy...

Choisir le bon train, c'est indispensable. Joël Le Theule en mourant lui a fait gagner au moins dix ans ! Séguin l'a conduit à un ministère... Mais il a choisi Edouard Balladur en 1995. Finalement Fillon s'est rapproché de Jacques Chirac... vers l'an 2000. Et participera au programme électoral de 2002... avec Alain Juppé et Nicolas Sarkozy... Il fut même "premier ministrable." Et deviendra un ministre de poids des gouvernements Raffarin.

Fillon - Sarkozy : combat ou union ?

Fut-il, durant quelques années, instrumentalisé par Jacques Chirac contre Nicolas Sarkozy ?
Le 12 février 2004, dans une interview au Parisien, il s'oppose au « tout sauf Sarkozy », reconnaît sa légitimité à être candidat à l'élection présidentielle... et se retrouve dans la nouvelle équipe dirigeante chargée de réformer les statuts de l'UMP. Le 28 novembre 2004, Nicolas Sarkozy, élu président de l'UMP avec 85,1 % des votes des militants, il en devient conseiller politique.

Une rupture "définitive" avec Jean-Pierre Raffarin. Mais Fillon "reste fidèle" au Président... qui néanmoins ne le reprendra pas dans le gouvernement Dominique de Villepin.

Défaite aux élections régionales de 2004

François Fillon a quand même connu la défaite électorale personnelle : tête de liste UMP en Pays de la Loire aux élections régionales de mars 2004, région considérée comme imprenable par la gauche, c'est avec 52,35 % des voix que le choc se produit. Dans sa propre circonscription, le vote socialiste l'emporte même.

Ce soir-là, seules l'Alsace et la Corse étaient restées à droite. Ce ne fut sûrement pas une consolation.

Défaite peut-être lourde de conséquences : de premier ministrable, il deviendra ministre de l'Éducation nationale, de l'Enseignement supérieur et de la Recherche du gouvernement Jean-Pierre Raffarin 3. Il resta néanmoins numéro 3 du gouvernement, en sera même numéro 2 quand Nicolas Sarkozy le quitta en novembre 2004.

2005 - 2007

Sans ministère, il a 2 ans pour préparer l'élection présidentielle de 2007.

Le 6 mai 2007, Nicolas Sarkozy est élu président de la République avec 53,06 % des suffrages contre Ségolène Royal. François Fillon est parmi les proches et intimes du nouveau président, qui célèbrent le soir la victoire par un dîner devenu symbolique au Fouquet's. Il montera ensuite sur la scène dressée place de la Concorde, devant 30 000 fans.

Le 17 mai 2007, c'est un communiqué sans surprise de l'Élysée qui annonce sa nomination au poste de Premier ministre. À 53 ans, il devenait le 19e Premier ministre de la Ve République.

Nicolas Sarkozy en super-hyper-Président, François Fillon en collaborateur... Ce duo là ne semble pas pouvoir tenir longtemps. Henri Guaino et Claude Guéant, conseillers de l'Élysée, semblent même peser plus.
Et si finalement, excepté quelques inévitables accrochages d'ego, ce furent des relations franches entre hommes dont les conceptions sont assez proches ? (au début des années 2000, François Fillon se déclara favorable à la présidentialisation de la Ve République, allant

même jusqu'à préconiser la suppression du poste de Premier ministre)

Phrase choc du 21 septembre 2007, il déclare la France en « *état de faillite.* » Et dès 2008, il commence à dépasser Nicolas Sarkozy dans les sondages de popularité... Son style convient, semble un juste positionnement face à Nicolas Sarkozy.

Dès 2010, ce fut néanmoins le grand jeu du nom de son remplaçant qui va agiter les médias et les candidats, de Jean-Louis Borloo à Michèle Alliot-Marie en passant par Xavier Bertrand.

Les polémiques qui peuvent ressortir...

Dans l'ombre de l'affaire Michèle Alliot-Marie les vacances en Tunisie fin décembre 2010, François Fillon dut s'expliquer, en février 2011, sur sa semaine de vacances lors de la Noël 2010, en famille, aux frais de l'État égyptien, invitation du président égyptien Moubarak.

La crise de la canicule 2003.

Avec Hubert Falco, son secrétaire d'état aux personnes âgées, il était aux responsabilités.

Et il reconnut rapidement les dysfonctionnements de l'État... ce qui ne fut pas forcément apprécié par Jean-Pierre

Raffarin... qui l'aurait bien utilisé comme bouc émissaire ?
Finalement, Jean-Pierre Raffarin et le ministre de la Santé, Jean-François Mattéi, seront les plus sévèrement jugés.

Depuis son départ de Matignon...

Il l'a annoncé en octobre 2011 : la Sarthe était devenue trop petite pour son ambition... non, il ne s'est jamais exprimé ainsi, il s'agit d'une traduction littéraire... Il informa qu'il se présentera, et s'est présenté, aux élections législatives à Paris, en 2012, dans la deuxième circonscription. Le 10 juin 2012, à la grande joie de Rachida Dati, il n'obtint que 48,62 % des suffrages et l'emportera une semaine plus tard avec seulement 56,46 % des voix, contre Axel Kahn investi par le Parti socialiste.

Et le 30 juin 2012, François Fillon annonça sa candidature officielle à la présidence de l'UMP.

Un accident de scooter, à Capri, le 30 juillet 2012... et quelques semaines de marche lente... ne l'empêchent pas d'être favori contre Jean-François Copé...

Un seul livre signé Fillon

François Fillon apparaît ès auteur pour plusieurs livres, mais il s'agit de préfaces pour *La France en majuscules* (d'Olivier Dassault) *Qu'apprend-on à l'école maternelle ? : Les programmes 2004-2005*, ou *La solitude, le combat : 26 associations témoignent*.

Un seul livre de François Fillon : *La France peut supporter la vérité*, du 27 septembre 2006.

Le Monde du 31 octobre 2006 notait : « *François Fillon a découvert l'ivresse d'une parole libre. Et cette "vérité" ne s'impose aucunes bornes, en tout cas pas celles qui touchent à l'Elysée. Bien qu'il se défende d'avoir voulu tracer un portrait "au vitriol" du chef de l'Etat, c'est bien à lui que l'ancien ministre des affaires sociales adresse ses flèches les plus aiguisées, en dessinant le portrait d'un président rétif aux réformes, changeant, mal assuré dans ses convictions, désabusé, coupé du réel...* »

Marié, cinq enfants...

Pour l'instant, une famille française traditionnelle, pour l'opposer à ceux qui seront peut-être classés comme ses prédécesseurs,

François Hollande et Nicolas Sarkozy : marié depuis le 28 juin 1980 avec Penelope Kathryn Clarke, une galloise née en 1956 à Llanover, près d'Abergavenny, fille d'un avocat, George Clarke. Une rencontre de jeunesse, au lycée de Sablé-sur-Sarthe, dans les années 1970. Cinq enfants : Marie (1982), Charles (1984), Antoine (1985), Édouard (1989) et Arnaud (2001).

Le versant politique
d'un parcours indépendant

Les élus et militants de gauche me pensent de droite. Surtout dans la région Midi-Pyrénées, où un "curieux" mélange des genres, politico-médiatique, dessine un paysage lotois d'une gauche quasi indéboulonnable et incritiquable, sans trace de l'auteur de cet essai dans *la Dépêche du Midi*, le quotidien de la famille Baylet, plus particulièrement Jean-Michel, président du PRG, Parti Radical de Gauche, ayant récemment mis en orbite Syvia Pinel, néo ministre.

A droite, mes textes sur Nicolas Sarkozy me classent en vilain gauchiste... quand ce n'est pas centriste pour avoir expliqué que François Bayrou était le seul apte à battre le candidat de l'UMP en 2007.

Ils ne peuvent peut-être plus comprendre, pas même imaginer, ce que signifie l'indépendance, l'observation la plus objective possible. Malgré une faible audience, je ne m'interdis pas d'intervenir dans la politique française ! Je sais qu'il vaut mieux cumuler un poste de directeur ou chroniqueur d'un grand hebdo ou quotidien mais je cumule simplement avec une activité de romancier, dramaturge, essayiste !

Puisse ces quelques essais permettre à quelques internautes en quête d'auteurs vraiment indépendants, de découvrir l'ensemble de mes écrits...

A lire dans le versant politique :

- *Ce François Hollande qui peut encore gagner le 6 mai 2012 ne le mérite pas*

- *Nicolas Sarkozy : sketchs et Parodies de chansons*

- *Bernadette et Jacques Chirac vus du Lot*

- *Affaire Ségolène Royal - Olivier Falorni Ce qu'il faut en retenir pour l'Histoire*

Stéphane Ternoise

Stéphane Ternoise est né en 1968. Il publie depuis 1991. Il est depuis son premier livre éditeur indépendant.

Dès 2004, il a proposé des livres numériques, en PDF. Mais c'est en 2011 seulement que les ventes dématérialisées ont démarré. Son catalogue numérique (depuis mi 2011 distribué par Immateriel) a ainsi rapidement dépassé celui du papier, grâce à des essais, des livres de photos... tout en continuant la lente écriture dans les domaines du théâtre et du roman. Depuis octobre 2013, et son « identifiant fiscal aux États-Unis », son catalogue papier tend à rattraper celui en pixels.
http://www.livrepapier.com ou
http://www.livrepixels.com

Il convient donc de nouveau d'aborder l'auteur sous le biais de l'œuvre. Ainsi, pour vous y retrouver, http://www.ecrivain.pro essaye de fournir une vue globale. Et chaque domaine bénéficie de sites au nom approprié :
http://www.romancier.net
http://www.dramaturge.net
http://www.essayiste.net

http://www.lotois.fr

Vous pouvez légitimement vous demander pourquoi un auteur avec un tel catalogue ne bénéficie d'aucune visibilité dans les médias traditionnels. L'écriture est une chose, se faire des amis utiles une autre !

Catalogue (le plus souvent en papier et numérique, parfois uniquement les pixels, le travail de mise en page papier demandant plus de temps que d'heures disponibles)

Romans : (http://www.romancier.net)
Le Roman de la révolution numérique.
Ils ne sont pas intervenus (le livre des conséquences) également en version numérique sous le titre Peut-être un roman autobiographique **La Faute à Souchon ?** *également sous le titre* **Le roman du show-biz et de la sagesse (Même les dolmens se brisent)**
Liberté, j'ignorais tant de Toi également sous le titre Libertés d'avant l'an 2000)
Viré, viré, viré, même viré du Rmi
Quand les familles sans toit sont entrées dans les maisons fermées

Théâtre : (http://www.theatre.wf)
Théâtre peut-être complet
La baguette magique et les philosophes
Quatre ou cinq femmes attendent la star
Avant les élections présidentielles
Les secrets de maître Pierre, notaire de campagne
Deux sœurs et un contrôle fiscal

Ça magouille aux assurances
Pourquoi est-il venu ?
Amour, sud et chansons
Blaise Pascal serait webmaster
Aventures d'écrivains régionaux
Trois femmes et un amour
La fille aux 200 doudous et autres pièces de théâtre pour enfants
« Révélations » sur « les apparitions d'Astaffort »
Brel / Cabrel (les secrets de la grotte Mariette)
Théâtre pour femmes
Pièces de théâtre pour 8 femmes
Photos : (http://www.france.wf)
Montcuq, le village lotois
Cahors, des pierres et des hommes. Photos et commentaires
Limogne-en-Quercy Calvignac la route des dolmens et gariottes
Saint-Cirq-Lapopie, le plus beau village de France ?
Saillac village du Lot
Limogne-en-Quercy cinq monuments historiques cinq dolmens
Beauregard, Dolmens Gariottes Château de Marsa et autres merveilles lotoises
Villeneuve-sur-Lot, des monuments historiques, un salon du livre... -Photos, histoires et opinions
Henri Martin du musée Henri-Martin de Cahors - Avec visite de Labastide-du-Vert et Saint-Cirq-Lapopie sur les traces du peintre
L'église romane de Rouillac à Montcuq et sa voisine oubliée, à découvrir - Les fresques de Rouillac, Touffailles et Saint-Félix

Livres d'artiste (http://www.quercy.pro)
Quercy : l'harmonie du hasard - Livre d'artiste 100% numérique

Essais : (http://www.essayiste.net)
Le manifeste de l'auto-édition - Manifeste politico-littéraire pour la reconnaissance des écrivains indépendants et une saine concurrence entre les différentes formes d'édition
Écrivains, réveillez-vous ? - La loi 2012-287 du 1er mars 2012 et autres somnifères
Le livre numérique, fils de l'auto-édition
Aurélie Filippetti, Antoine Gallimard et les subventions contre l'auto-édition - Les coulisses de l'édition française révélées aux lectrices, lecteurs et jeunes écrivains
Réponses à monsieur Frédéric Beigbeder au sujet du Livre Numérique (Écrivains= moutons tondus ?)
Comment devenir écrivain ? Être écrivain ? (Écrire est-ce un vrai métier ? Une vocation ? Quelle formation ?...)
Amour - état du sentiment et perspectives

Le guide de l'auto-édition numérique en France (Publier et vendre des ebooks en autopublication)
Copie privée, droit de prêt en bibliothèque : vous payez, nous ne touchons pas un centime - Quand la France organise la marginalisation des écrivains indépendants

Chansons : (http://www.parolier.info)
Chansons trop éloignées des normes industrielles
Chansons vertes et autres textes engagés
Chansons d'avant l'an 2000
Parodies de chansons - De Renaud à Cabrel En passant par Cloclo et Jacques Brel

En chti : (http://www.chti.es)
Canchons et cafougnettes (Ternoise chti)
Elle tiote aux deux chints doudous (théâtre)

Politique : (http://www.commentaire.info)
Ce François Hollande qui peut encore gagner le 6 mai 2012 ne le mérite pas (Un Parti Socialiste non réformé au pays du quinquennat déplorable de Nicolas Sarkozy)
Nicolas Sarkozy : sketchs et Parodies de chansons
Bernadette et Jacques Chirac vus du Lot - Chansons théâtre textes lotois
Affaire Ségolène Royal - Olivier Falorni Ce qu'il faut en retenir pour l'Histoire - Un écrivain engagé, un observateur indépendant
François Fillon, persuadé qu'il aurait battu François Hollande en 2012, qu'il le battra en 2017 (?)

Notre vie (http://www.morts.info)
La trahison des morts : les concessions à perpétuité discrètement récupérées - Cahors, à l'ombre des remparts médiévaux, les vieux morts doivent laisser la place aux jeunes...
Cahors : Adèle et Marie Borie contre Jean-Marc Vayssouze-Faure - Appel à une mobilisation locale et nationale pour sauver les soeurs Borie...

Jeux de société

http://www.lejeudespistescyclables.com
La France des pistes cyclables - Fabriquer un jeu de société pour enfants de 8 à 108 ans
Le bon chemin pour Saint-Jacques-de-Compostelle

Autres :

La disparition du père Noël et autres contes
J'écris aussi des sketchs
Vive les poules municipales... et les poulets municipaux - Réduire le volume des déchets alimentaires et manger des oeufs de qualité

Œuvres traduites :

La fille aux 200 doudous :
- *The Teddy (Bear) Whisperer* (Kate-Marie Glover)
- Das Mädchen mit den 200 Schmusetieren (Jeanne Meurtin)
- Le lion l'autruche et le renard :
- How the fox got his cunning (Kate-Marie Glover)

- Mertilou prépare l'été :
- The Blackbird's Secret (Kate-Marie Glover)

- *La fille aux 200 doudous et autres pièces de théâtre pour enfants (les 6 pièces)*
- La niña de los 200 peluches y otras obras de teatro para niños (María del Carmen Pulido Cortijo)

Mentions légales

Site officiel : http://www.ecrivain.pro

Présentation des livres essentiels : http://www.utopie.pro

Dépôt légal à la publication au format ebook du 2 octobre 2012 - révision février 2014 .

Imprimé par CreateSpace, An Amazon.com Company pour le compte de l'auteur-éditeur indépendant.
livrepapier.com

ISBN 978-2-36541-525-5
EAN 9782365415255

François Fillon, persuadé qu'il aurait battu François Hollande en 2012, le battra en 2017 - Première édition octobre 2012 de Stéphane Ternoise